DES
HABITUDES INTELLECTUELLES

DE

L'AVOCAT,

DISCOURS

prononcé à la rentrée de la conférence des avocats de Lyon,

PAR

Victor de La Prade,

avocat à la Cour royale.

LYON.
IMPRIMERIE DE L. BOITEL,
QUAI ST-ANTOINE, 36.
1841.

DES
HABITUDES INTELLECTUELLES
DE
L'AVOCAT,

DISCOURS

prononcé à la rentrée de la conférence des avocats de Lyon,

PAR

Victor de La Prade,

avocat à la Cour royale.

LYON.
IMPRIMERIE DE L. BOITEL,
QUAI SAINT-ANTOINE, 36.
1841.

❁

Extrait de la Revue du Lyonnais.

❁

DES

HABITUDES INTELLECTUELLES

DE

L'AVOCAT,

DISCOURS PRONONCÉ A LA RENTRÉE DE LA CONFÉRENCE
DES AVOCATS DE LYON.

Messieurs,

L'homme grave et soucieux de son perfectionnement moral,
éprouve à certains moments de la vie, le besoin d'un re-
tour sur lui-même ; alors, dans l'austère recueillement du
juge, il interroge toutes les facultés de son esprit et de
son cœur, il constate les devoirs accomplis et les vérités
conquises, il étudie les penchants à combattre et les tendances à développer. Tel doit être, **MM.**, si je l'ai bien
compris, l'objet de nos séances de rentrée ; c'est ici pour
notre ordre une époque d'examen intérieur, où nous devons dresser l'inventaire exact de nos pauvretés aussi bien
que de nos richesses. Celui qui dans ces occasions solennelles
accepte l'honneur d'être votre organe, se charge au sein

du barreau des fonctions de la conscience, il doit vous parler comme elle avec franchise, et s'il le faut avec sévérité.

Tout a été dit, MM., sur la grandeur de notre profession, sur les vertus qu'elle nourrit, sur son importance dans le monde social et sur la position élevée qu'elle y donne. Si nous voulons rendre profitable cette étude de nous-mêmes faite ainsi chaque année, il faut nous occuper beaucoup de ce qui nous manque, et peu de ce que nous possédons ; plus de ce qu'on doit corriger, que de ce qu'on peut glorifier, plus enfin de ce qui nous reste à faire pour ajouter encore à l'éclat du barreau, que de ce lustre héréditaire, digne fruit des mérites de nos devanciers.

Les imperfections du noble type de l'avocat, les déviations possibles de l'intelligence aux prises avec ce rude ministère, c'est là, MM., ce que je me propose d'examiner : étude d'autant plus difficile, que les exemples offerts à mes yeux tous les jours sont plus propres à me montrer le côté brillant de notre profession ; et que je m'en retrace les misères dans le sentiment personnel de ma faiblesse, plutôt que d'après l'observation des réalités.

Dans cette exploration des écueils de notre carrière, je ne rechercherai pas quels dangers proviennent du milieu social dont nous recevons l'influence et qui reçoit la nôtre ; l'action salutaire ou nuisible de l'avocat sur la justice, sur les mœurs et sur l'opinion publique, a été suffisamment étudiée ; assez souvent on a examiné ce qu'il devait d'indépendance et de dignité aux différentes formes politiques, et ce qu'il apportait aux gouvernements d'appui intelligent ou de for- midable opposition. On pourrait étudier encore comment l'avocat de nos jours peut s'associer aux réformes que notre siècle accomplira ; quel rôle il doit prendre, quelle place lui sera faite dans la société nouvelle ; et quelles modifications transitoires nos fonctions auraient à subir pour s'accorder avec une administration plus parfaite de la justice. Je ne m'arrêterai pas à ces points de vue qui planent sur les plus hautes questions de la science sociale ; c'est dans l'âme même de celui qui l'exerce que je veux analyser les effets de notre profession ; je veux demander à la physiologie in‑ time de l'avocat, quels changements la pratique de notre art peut produire dans l'état primitif d'une intelligence, et quelles tendances elle imprime à la vie morale et aux forces de l'esprit. Pour circonscrire un sujet trop vaste, et rester fidèle à la mission que vous m'avez donnée, telle que je la comprends, je ne m'occuperai pas des belles qualités que le barreau développe, mais des infirmités qu'il peut engendrer, et nous tâcherons de découvrir ensuite par quels préservatifs il faut les combattre, pour ne laisser agir dans nos ames que les influences salutaires.

Tout homme qui veut devenir habile dans un art quel‑ qu'il soit, concentre son énergie en certaines de ses fa‑ cultés pour l'accomplissement de certains actes ; et à cause des limites imposées à nos forces, il court le danger d'aban‑ donner à l'inaction d'autres fonctions importantes de son esprit. Ce n'est pas la moindre misère de notre nature que cette nécessité de se restreindre pour produire, et de nourrir un organe aux dépens des autres pour le rendre plus fécond. Cette loi de la créature finie renferme le prin‑ cipe d'un fait journellement constaté ; c'est que chaque profession fait naître une tendance particulière chez l'homme qui s'y consacre. A travers la persistance des mêmes im‑ pressions et la continuité des mêmes actes, bien peu d'in‑ telligences se garantissent des idées exclusives, bien moins encore évitent de rester incomplètes. Dans l'ordre des travaux les plus élevés, des études les plus générales, cet inconvénient se fait encore sentir. Ainsi, vous avez entendu souvent — assertions du reste plus accréditées que sérieusement vérifiées, — vous avez entendu reprocher au médecin le penchant au matérialisme; au poète, à l'artiste, l'inaptitude aux affaires, et l'ignorance des réalités pratiques. Nous aussi nous avons nos maladies professionnelles, nous aussi nous trouvons des obstacles à vaincre pour préserver notre esprit des habitudes exclusives, et pour atteindre ce développement complet et harmonieux de nos facultés qui est le but de toute noble intelligence. Avant de chercher les moyens, de fortifier en nous les grands instincts de l'homme né pour la science et la beauté sans nuire aux qualités spéciales qu'exigent nos travaux, commençons par étudier le type général de l'avocat, et cette seconde nature que lui impose son genre de vie quand la sagesse ne l'a pas prémuni contre les périls qui l'attendent.

Ne soyez pas surpris si pour rendre ma peinture plus saisissante, j'exagère les principaux traits du tableau; il s'agit pour moi d'offrir à vos yeux l'idéal qu'il faut éviter, c'est une manière de vous montrer l'idéal qu'il faut suivre.

J'analyserai d'abord l'intelligence de l'avocat telle qu'elle est modifiée par rapport aux lois mêmes de la pensée, à la faculté de chercher et de connaître le vrai; j'examinerai en lui le penseur, dans les méthodes que suit sa raison, et dans les conditions où son enthousiasme s'inspire et s'exalte. L'idée et la forme, la vérité et la beauté étant étroitement unies; après avoir étudié chez l'avocat les caractères de la pensée, je dirai quelque chose de la forme qu'il lui donne, en un mot, de son style.

La science de l'avocat, la science du droit considérée

dans ses principes généraux et ses théories, est une des plus belles branches de la philosophie ; c'est la science sociale par excellence, c'est elle qui établit les devoirs des individus et des nations vis à vis du bien, vis à vis de la justice. Cette science a, comme les autres et plus encore, si l'on peut le dire, une partie éternelle, immuable, une base divine qui supporte toutes les vérités nécessaires à l'existence des peuples; elle est éminement propre à élever, à fortifier l'esprit qui l'étudie rationnellement, dans son essence, dans sa philosophie ; les législations diverses doivent être une émanation de ses principes, elles n'en furent trop souvent que la négation, ou le confus amalgame avec des éléments nés de l'ignorance et des mauvaises passions d'une époque. Il est sans doute des codes purs et respectables, mais l'étude du plus parfait d'entr'eux est déjà moins favorable que bien d'autres travaux à l'éducation philosophique de l'esprit. Le jurisconsulte ne s'entretient pas chaque jour comme le physicien ou le médecin avec la nature constante, invariable, éternelle, avec l'œuvre parfaite de Dieu, mais avec les ouvrages incomplets et périssables des hommes, car il étudie moins la science du droit que l'art de la législation ; et dans tous les monumens qu'il a sous les yeux, les dispositions arbitraires, transitoires, relatives enveloppent et défigurent si souvent les principes absolus, qu'il peut devenir difficile de discerner dans ces œuvres ce qui est une loi de la justice, de ce qui est un caprice de la force, un accident du climat, une formule surannée de la tradition.

Le danger devient plus grave pour celui qui s'occupe dans un but pratique des législations encore vivantes et souveraines; chacune de leurs prescriptions s'offre à son esprit comme un commandement impérieux, revêtu d'une égale sanction et d'un même caractère de nécessité. L'habitude de cette confusion forcée, ne tend-elle pas à obscurcir la clairvoyance du sens logique, à introduire l'hésitation et l'erreur dans le jugement, à rendre impossible toute distinction réelle et profonde de la nature des idées.

Ce n'est pas tout: l'interprétation usuelle de ces codes, tiendra plus de place dans les réflexions de l'avocat que leur signification positive ; il la poursuivra à travers la multiplicité des doctrines et le dédale des commentaires ; alors lui apparaîtront les systèmes les plus contradictoires soutenus par des autorités également nombreuses, également affirmatives. S'il s'en réfère pour le choix d'une opinion aux interprêtes officiels des lois, si pour mettre quelque fixité dans ses idées, il interroge les arrêts des cours souveraines, il y verra les mêmes dissidences et flottera dans la même incertitude ; que dis-je, il y trouvera par fois le triste exemple de la versatilité du raisonnement et du désaccord avec soi-même.

A celui qui respire dans cet atmosphère de doute, à travers la confusion des accidents et des principes, en l'absence de tout critérium et de toute méthode, quelle robuste intelligence ne faudra-t-il pas pour contracter ou même pour conserver de saines habitudes philosophiques ?

Mais cette étude de la jurisprudence que la raison nous montre si difficile à traverser sans faire fausse route, c'est pourtant le travail le moins périlleux de l'avocat. D'autres préoccupations vont absorber son temps et son esprit, l'instruction théorique en cède bientôt la plus grande part à la pratique des affaires, à la discussion des intérêts, à la plaidoirie. Les textes de lois et leurs interprétations doctrinales et judiciaires, quelque soit leur mérite philosophique, offrent au moins cet avantage de valoir comme faits d'une science, de fournir à l'esprit des données réelles et positives qu'il peut approfondir sans parti pris, avec l'amour désintéressé du vrai, sans y chercher rien de plus ni rien de

moins que ce qu'elles renferment. Chargé de la défense
d'un procès, l'avocat ne peut plus avoir pour but l'im—
partial discernement de la légitimité d'une idée, il ne s'agit
plus de vérités à s'approprier, de notions complètes et
précises à fonder dans son intelligence, il s'agit d'une as-
sertion à faire prévaloir, d'une cause à faire triompher.

Certes, pour obtenir ce résultat, l'avocat ne déviera jamais
de la ligne d'une inflexible loyauté, son cœur restera pur
et droit, mais qu'arrivera–t–il du sens logique et de la
raison, dans ce travail où tout le souci de l'intelligence
se porte bien plus sur l'apparence des choses que sur leur
réalité, dans cette lutte, où si souvent, par un oubli nécessaire de ce qui doit être et de ce qui est, l'esprit déploie
toute son énergie et toute sa souplesse pour revêtir d'un
semblant d'importance des faits imperceptibles, et pour donner à une idée relative les proportions d'un principe. Dominé
par les conditions de la plaidoirie, et pénétré d'une cause
qu'il accepte pour juste, l'homme du barreau n'aperçoit
plus en elle que les moyens propres à lui concilier l'opinion
des juges ; il développera donc moins ce qui est, que ce
qu'il faut faire paraître, et moins ce qui doit s'adresser à
la raison générale, que les points de vue spécialement ac-
cessibles à ceux qu'il veut persuader. La nature des moyens
qu'il emploie dans la même affaire variera suivant le tribunal
qui l'écoute ; et dans le cours de la même plaidoirie il
distribuera avec art des arguments destinés à tel ou tel
de ses juges, selon la connaissance qu'il aura de son caractère, de ses idées ou même de ses passions. Dans ce
duel oratoire où son orgueil n'est pas moins engagé, que
l'intérêt de son client, où son amour propre se réjouit
de l'adversaire dominé autant que du juge convaincu, quel
argument si solide pourra–t–il se résoudre à laisser sans
réponse ? au secours de la logique chancelante il appelle

la finesse et l'ironie; il oppose l'élasticité des commentaires
à la rigueur des textes, les attendrissements du cœur à
l'austérité de la raison, et à l'évidence des choses le sé-
duisant effet d'une phrase habile.

C'est ainsi que ce travail de la plaidoirie, si riche qu'il
soit de productions brillantes, où se dépense tant d'énergie
et de talent se trouve l'opposé, en tout point, des opérations
calmes et profondes qui s'accomplissent dans l'intelligence
du sérieux penseur et qui augmentent chaque jour sa pé-
nétration et sa rectitude. Quand ces procédés de la plaidoirie que la philosophie réprouve, si l'art du rhéteur les
excuse, et qui me semblent incompatibles avec la grande éloquence, quand ces procédés se sont développés et enracinés
par l'habitude, cette souveraine éducatrice, ils s'imposent
comme méthodes définitives et comme lois à la raison de
l'homme qui s'y est une fois asservi.

Examinons cette raison ainsi modifiée, recherchons dans
quelles conditions se trouve placé vis-à-vis de la science et
de la vérité, l'esprit d'un avocat qui aurait négligé de faire à
ses travaux ordinaires de sérieuses diversions, et de fixer des
limites aux envahissements de l'habitude.

Celui dont l'attention ne se porte jamais que sur des idées
relatives, dont la pensée ne combine que des accidents éphé-
mères et des notions transitoires et ne s'élève pas à la contemplation des grands principes, celui-là est facilement en-
traîné à l'oubli de ces principes, et perd la faculté de discerner les vérités éternelles d'avec les notions contingentes. Il
arrive à ne plus admettre l'existence d'idées immuables, à
nier formellement l'absolu, en un mot au septicisme; tout
au moins étouffe-t-il dans son âme cet amour actif de la
vérité qui est le mobile essentiel du penseur et du sage ; quel
intérêt prendra-t-il à toutes les hautes questions, lui qui mé-
connaît les éléments qui servent à les résoudre ; et comment

évitera-t-il l'indifférence, cette conséqueuce incurable du doute?

Le scepticisme, l'indifférence philosophique, tels sont, MM., les tristes maladies que produit un exercice mal règlé de notre profession. Est-ce à dire que cette double erreur s'établisse toujours à l'état de système chez l'homme que nous étudions? non, MM., elle est rarement formulée dans son esprit, elle s'y dissimule souvent sous des apparences dogmatiques, mais elle reste vivante au fond de son cœur et paralyse tous les nobles élans de la pensée.

J'ai dit que le scepticisme se déguise parfois chez l'avocat sous le dogmatisme et sous les formes hardies de l'affirmation ; en effet, l'absence des croyances rationnelles n'exclut pas ces opinions bien ou mal fondées, qu'il est impossible de ne pas contracter dans la vie sociale , et qui sont comme l'ameublement nécessaire d'un esprit qui a la prétention d'être au niveau des connaissances de son temps. Suivant quelles lois , ces opinions n'ayant trait qu'à des points de vue secondaires et non pas à l'essence même des questions , suivant quelles lois et par quels chemins ces opinions s'introduisent-elles dans l'intelligence de l'avocat? est-ce par une suite de déductions rigoureuses on par une sincère inspiration? Non , MM. , si je puis risquer ce jugement sans être mal compris , je dirai qu'elles lui viennent du hasard; je me hâte d'expliquer une expression trop peu philosophique pour ne pas choquer vos esprits. J'appelle une opinion provenant du hasard toute idée qui n'est pas le fruit du travail logique ou de l'intuition spontanée, qui est jettée dans l'intelligence par les circonstances extérieures, sans que l'ame ait réagi sur elle pour se l'approprier par la réflexion; beaucoup d'idées de cette nature sont respectables sans doute; c'est même ainsi que les traditions sacrées sont déposées dans notre cœur pour y étendre leurs fécondes racines; mais la légitimité de ces jugements tout faits dépend, pour celui qui les reçoit, d'un bonheur de position et non point du mérite philosophique de son esprit ; j'ai donc pu dire que de telles opinions sont le fruit du hasard.

Arrivé à ce point extrême de mon analyse, j'ai besoin de vous rappeler, MM., ce que je vous ai dit déjà, que j'examine un type abstrait dont j'exagère à dessein les principaux caractères, plutôt qu'une réalité vivante ; car à côté des dangers nécessaires de notre profession, j'ai dû vous signaler ceux-là même qui ne sont que possibles. Réfléchissez bien à la toute puissance de l'habitude, et souvenez-vous que j'ai supposé, de la part de l'homme que j'étudie, une complète soumission à son influence; or, messieurs, n'admettrez-vous pas avec moi, sans donner à cette remarque une fâcheuse interprétation, que bien souvent, trop souvent, c'est le hasard, le hasard seul, qui décide de la nature des causes que l'avocat se trouve chargé de défendre, et par cela même du point de vue qu'il adopte dans certaines questions. N'est-il pas vrai qu'il est obligé parfois d'accepter la solution de mille cas douteux de la jurisprudence, auxquels il n'avait pas encore réfléchi, telle que la suggère l'intérêt de son client, sans se demander d'une manière formelle, si c'est bien là celle que choisirait sa raison livrée à elle-même. Ces nécessités fréquentes de la pratique des affaires ne se transforment-elles pas à la longue en habitudes, et, par une incessante usurpation, ces habitudes ne peuvent-elles pas devenir les lois de l'intelligence ? ne puis-je pas dès lors soutenir que l'homme qui a consenti à recevoir les idées qu'il développe chaque jour, du hasard qui distribue les causes, peut en venir à recevoir de même du hasard ses opinions en matière philosophique, en un mot que placé en face de tous les grands problèmes de l'ame, il aura perdu la faculté de se déterminer rationnellement entre leurs diverses solutions.

Ces jugements sévères révêtus des formes arides de la dissertation, je n'oserais pas vous les offrir, **MM.** , si je ne vous connaissais assez pour savoir que toute parole grave et qui veut être utile peut compter sur votre attention, fût-elle aussi dépouillée que la mienne de tous les prestiges de l'art oratoire.

Une étude sur l'intelligence de l'avocat serait-elle complète, si après avoir examiné en lui les méthodes de l'esprit, nous ne disions rien des manifestations du sentiment, si après le raisonnement qui combine et multiplie les formules, nous passions sous silence l'inspiration qui engendre les pensées , l'enthousiasme qui les fait éclore ?

Qu'arrivera-t-il chez l'homme que nous étudions, de ces nobles facultés qui sont la vie même de l'ame dans ce qu'elle a de plus divin ? Une inspiration vraie, un sincère enthousiasme sont-ils compatibles avec le scepticisme et l'indifférence philosophique ? sont-ils compatibles même avec une fausse logique, avec les habitudes vicieuses de la raison ? Aurai-je besoin de vous prouver que le doute ne peut s'introduire dans l'ame sans la priver de sa chaleur, et que le scepticisme du cœur est la conséquence fatale du manque de convictions profondes et légitimes. Il vous sera moins évident peut-être que la faiblesse logique s'oppose à l'inspiration , parce qu'elle n'exclut ni la véhémence ni l'éclat des paroles, ces trompeuses apparences d'imagination et d'enthousiasme. Je sais que, dans l'opinion du monde, ces deux grandes puissances de l'ame passent presque pour inconciliables avec la solide rectitude du raisonnement ; vous entendez tous les jours ce non sens philosophique, que les hommes d'imagination ont peu de jugement, et moi je dis, **MM.** , que ce sont les hommes de peu de jugement, ceux dont les méthodes logiques sont vicieuses qui n'eurent jamais une imagination de bon aloi ; je dis que la véritable imagination suppose la logique la plus exquise, et que si les procédés supérieurs qu'elle emploie ont échappé jusqu'ici à l'analyse, à cause même de leur élévation, ils n'en renferment pas moins, en les surpassant toutes, les méthodes de la logique du raisonnement. A celui donc en qui le raisonnement sera vicié, pas plus qu'à l'esprit sceptique, jamais ne sera accordée la grande logique de l'imagination et de l'enthousiasme !

Quel enthousiasme serait possible à l'homme qui n'éleverait jamais ses regards jusqu'aux idées générales, éternelles, jusqu'aux vérités absolues, seul foyer de fécondité et de chaleur, et qui livrerait toute son intelligence au conflit des opinions variables, à la mobilité incessante des choses relatives, à la stérile multiplication des petites idées ! Comment atteindrait-il cet état supérieur de l'ame, où les conceptions jaillissent comme l'eau vive sous le doigt de Dieu ! Enfin, quelle inspiration réelle dans la parole, quelle puissance saisissante et vraie dans l'expression resterait-il à celui , qui dépenserait par habitude tout le feu de son esprit dans les discussions les plus mesquines , les plus incapables d'émouvoir sincèrement, qui emploirait à tout propos les formes de la conviction ou du sentiment, qui s'en servirait souvent pour se faire illusion à lui-même sur son peu de croyance, qui aurait contracté la faculté déplorable de s'attendrir à volonté, et qui plus d'une fois peut-être aurait profané la sainte éloquence des larmes !

N'arrivera-t-il pas qu'à travers sa parole toutes les idées paraîtront réduites à des proportions égales, que tous les intérêts sembleront pareillement sacrés ; et les théories politiques, les destinées nationales débattues par sa bouche parleront-elles un autre langage que les moindres subtilités judiciaires, et les plus minces différents des particuliers?

En résumant : l'homme que je suppose, deviendra sceptique d'esprit et de cœur vis-à-vis tous les cultes de l'ame, vis-à-vis les grandes religions du vrai et du beau; il aura perdu cette chaleur intime, cet enthousiasme qui naissent d'une imagination puissante et d'une raison solide, et qui sont le fécond apanage du philosophe et de l'artiste. Ses opinions vraies ou fausses, mais toujours fortuites, n'auront pas de profondes racines dans son intelligence; elles pourront produire quelques fleurs oratoires, mais jamais l'action ni le dévouement. Dans le développement de ces idées si peu consistantes, il est à craindre en outre qu'il n'apporte un dogmatisme plus tranchant que ne le permettraient les convictions les mieux établies ; car un autre caractère de cet esprit, c'est que, trompé par l'habitude de disserter sans préparation sur les sujets les plus divers, il confondra l'art de parler sur les choses avec la science des choses elles-mêmes ; mais de quelques formes qu'il s'enveloppe, les hommes sérieux le pénétreront toujours, on découvrira le vide de la doctrine sous la plénitude de sa parole, et la froideur de son ame sous la flamme artificielle de son éloquence, car il n'aura rien de ce qui réchauffe, de ce qui féconde, il aura peut-être une opinion, un parti, mais jamais une foi !

Pour achever et pour vérifier en même temps notre analyse, suivons-le dans la vie politique, et appelons à l'appui de nos inductions l'expérience des vingt-cinq dernières années de l'histoire nationale.

Entré dans la carrière des affaires publiques qui a été le but de toutes ses ambitions et vers laquelle les préjugés de notre temps lui ouvrent un accès facile, il y portera les vues étroites contractées dans la pratique exclusive des petits intérêts et des petites questions. Le grand mouvement social ne lui apparaîtra pas comme soumis à d'autres conditions que l'agitation des intérêts individuels. Sa politique sera une politique journalière. Il ne verra chez un peuple que le mécanisme de la vie présente ; toute grande pensée d'avenir lui sera étrangère , parce que l'avenir n'ouvre son livre qu'aux hommes à idées synthétiques, à fortes croyances. Il emportera avec lui l'esprit d'argumentation, de subtilité, de minutie, une déplorable propension à se payer du semblant des choses, à prendre la lettre des formules pour l'ame des institutions; enfin , une défiance soupçonneuse qui n'exclura pas la facilité à être trompé, par ce qu'elle sera fondée moins sur une connaissance exacte du cœur humain que sur l'incrédulité à l'abnégation et au dévouement. Sa parole agréable aux esprits cultivés et froids de la classe moyenne, n'aura point de prise sur les masses ; il pourra se faire applaudir dans un parlement , mais il n'entraînera jamais un peuple, parce qu'on ne se fait entendre des nations qu'avec la voix de l'enthousiasme.

S'il est en dehors du pouvoir, il se complaira dans une opposition plus tracassière qu'énergique, il discutera longuement sur la violation des textes, et laissera s'accomplir sans murmurer la violation des principes; et, satisfait de la légalité respectée, il croira qu'il n'y a plus rien à faire pour la justice. Sa probité sera sans doute invincible aux séductions de l'or, mais sa vanité ne le sera pas aux captieuses flatteries, et l'attrait des honneurs poussera ses convictions flottantes dans la voie des faciles transactions.

Appelé à un rôle actif dans le gouvernement, il manquera de ces grands instincts politiques qui produisent les déterminations puissantes dans les moments de crise, il ne pourra ni provoquer ni diriger l'héroïsme; parfois il saura mettre une régularité apparente et matérielle dans l'état, mais il ne donnera jamais de satisfaction réelle aux besoins de la société; il ne sera jamais conservateur ou novateur que de nom, car il n'aura ni la foi robuste qui prolonge l'existence du passé, ni le coup d'œil prophétique et sûr du législateur de l'avenir. En un mot, qu'il exerce dans l'état une action suprême ou un simple contrôle, il manifestera toujours la mobilité de ses idées et l'indécision de sa volonté; et toujours ce sera l'opinion la plus neutre, la plus effacée, qui pourra trouver en lui sa personnification.

S'il n'a pas dans sa conduite l'audace et la décision franche et puissante du chef de parti et du politique enthousiaste, on ne pourra pas du moins lui reprocher l'adroite fourberie de ceux à qui le raffinement de l'égoïsme tient lieu de convictions, et qui remplacent les grandes vues sociales par les intrigues de la diplomatie ; on ne le comptera pas dans cette race honteuse qui agit comme si la science politique n'était que l'art de tromper les hommes. Les traditions de loyauté qu'il a reçues le préserveront de ces monstrueux écarts, mais le scepticisme et le manque de volonté l'exposeront à devenir, sans le savoir, l'instrument d'un homme plus habile et moins scrupuleux ; en résumé, n'étant fort ni de la puissance des convictions, ni des ressources de la fourberie, son influence personnelle dans l'état sera rarement profonde; il est appelé à devenir l'organe brillant d'une coterie ou d'un parti, mais jamais un homme d'état. Et puissé-je me tromper en ajoutant que sa présence est désastreuse dans la chose publique, et qu'il n'apparaît au milieu des affaires qu'au moment de la décadence des peuples.

J'ai esquissé les régions les plus hautes de l'intelligence de l'avocat, celles où s'élaborent les résolutions et les idées ; si j'examine en lui celles où l'idée se revêt de la forme, si j'étudie son langage écrit ou parlé, j'y rencontre des caractères tout-à-fait analogues à ceux que nous avons remarqué dans l'essence même de sa pensée. Son style souvent remarquable par le mouvement et l'abondance, manque de fermeté, de netteté, de précision, la logique grammaticale n'y est pas toujours respectée, et la stérilité du fond s'y voile quelquefois sous l'ampleur sonore de la phrase. Son vice le plus saillant est l'impropriété des termes, la combinaison hasardeuse des mots et leur emploi dans un sens contraire à la signification réelle. Les images n'en sont point absentes, mais elles sont généralement fausses ou communes, car de toutes les formes du langage, la métaphore est celle qui exige le plus de vérité dans l'observation et le plus de rectitude dans le jugement. Ce style, enfin, dont les incorrections sont plus réelles qu'apparentes, et qui se garantit à la surface de toute aspérité choquante, a rarement quelque chose de saisissant, et produit moins d'effet peut-être qu'un langage qui serait plus rude sans être plus classique.

En cherchant l'origine de ces défauts du style de l'avocat, nous la trouverions pour une part beaucoup plus faible qu'on ne le pense, dans l'habitude des formules particulières de la langue du droit ; toute science a sa langue, et cependant tous les hommes spéciaux ne sont pas conduits à altérer la langue générale dans leurs écrits ; la médecine, par exemple, a sa langue et le style du médecin, s'il n'a pas les qualités plus brillantes du style de l'avocat, a plus de vérité et de correction logique. La cause fondamentale des imperfections que je viens de signaler, elle est dans les mauvaises méthodes philosophiques qui président à la formation des idées de l'avocat, idées fréquemment saisies au hasard et pour le besoin du moment ; l'expression propre vient à l'idée juste et réfléchie, à l'idée heureusement trouvée ou sainement déduite ; le penseur profond est toujours un écrivain correct. Une autre cause plus active encore se trouve dans les habitudes nécessaires de la plaidoirie. Dans la chaleur de cette lutte où les coups doivent être portés et parés avec promptitude, il n'est pas facile de choisir judicieusement tous les traits à lancer, la moindre analogie avec le mot convenable suffit au mot qui se présente pour se faire accepter. Il faudrait pour échapper à ces dangers de l'improvisation un esprit bien fortement nourri de connaissances littéraires. Mais quand ces dangers s'accroissent de l'abandon complet de toute étude des lettres, on perd d'abord le sentiment de la finesse des nuances dans l'expression, on arrive à oublier la valeur exacte des termes, et à braver les exigences les plus impérieuses de la langue. C'est là, messieurs, un mal d'une haute gravité, aujourd'hui surtout que la parole de l'avocat a tant d'influence et de retentissement. L'altération de la langue est un fâcheux symptôme chez les peuples; faut-il que les hommes qui semblent les représentants nés de l'éloquence, ceux dont la profession est considérée comme littéraire entre toutes, contribuent à amener ce déplorable résultat de la confusion des idées et de l'anarchie des croyances.

J'ai achevé ce tableau des habitudes intellectuelles que peut faire naître l'exercice de notre profession, je l'ai tracé avec une franchise qui a sa source dans mon attachement même à l'ordre auquel j'ai l'honneur d'appartenir, et dans mon désir ardent de voir s'accroître encore l'éclat dont il brille. Sans doute il y a de la témérité à moi, jeune et un des moindres par les lumières et l'expérience, de m'ériger ainsi en conseil, mais cette témérité me sera facilement pardonnée en faveur de l'intention d'être utile; nous tous qui faisons ici l'apprentissage des nobles travaux de l'avocat, nous devons nous aider mutuellement à éviter des dangers réels, dangers d'autant plus redoutables qu'une réflexion attentive peut seule nous les révéler, et qu'en jettant nos regards sur les hommes qui nous ont précédé dans la carrière, nous y voyons de glorieux démentis donnés à toutes mes craintes, à tous mes jugements.

La seconde partie de ma tâche ne sera pas longue ; je

vous ai indiqué le mal, je n'aurai pas besoin d'insister sur
le choix des remèdes; votre raison les a déjà pressentis.

Ce n'est pas de prime abord, c'est par l'habitude, par la
continuité du même travail à l'exclusion de tout autre, que
l'intelligence de l'avocat peut être poussée dans de fausses
directions; la meilleure manière de réprimer ces tendances,
c'est de les combattre par les études qui renferment en elles
précisément ce qui manque aux occupations ordinaires de
l'avocat, c'est d'élargir le plus possible le cercle de ses réflexions, et de ne rester étranger à aucune des branches princi-
pales de la connaissance humaine. Avec un pareil système, on
fait mieux encore que d'acquérir une grande masse d'idées,
on fortifie en soi le principe même de la pensée. L'intelligence, vouée à des actes restreints et toujours semblables, se ra-
pétisse et s'énerve; celle qui embrasse de larges opérations,
qui ne laisse sommeiller aucune de ses facultés, celle-là se
fortifie et s'agrandit chaque jour. L'homme qui s'efforcera
d'élever progressivement son cœur, qui voudra devenir, autant qu'il nous est donné de l'être, un esprit complet, cet
homme devra tracer des limites aux exigences professionnelles et diversifier ses études.

C'est d'abord à la métaphysique que l'avocat s'attachera
pour entretenir dans son ame toutes les nobles aspirations, et
pour se préserver de l'oubli des vérités générales et des grands
principes; c'est à l'histoire, non point à celle qui n'est qu'une
stérile nomenclature des faits, mais à cette science sublime qui
surprend à travers les temps les secrets de la vie de l'humanité; c'est à la science non moins élevée qui analyse tous les
ressorts de l'ame et qui complète ainsi le cercle philosophique que parcourt l'intelligence autour de l'idée de Dieu.

A travers ces hautes méditations, il ne sera pas difficile à
'avocat de faire converger ses pensées vers la fonction qu'il
remplit dans l'économie sociale. Qu'est-ce que la connais-

sance du droit, la véritable science du juste et de l'injuste, si ce n'est la triple science des rapports réciproques de Dieu, de l'homme et de l'humanité ? Cette science auguste ne dévoilera jamais un de ses mystères à celui qui sera resté étranger à la philosophie de l'homme et à celle de l'histoire.

Combien plus ces grandes études ne seront—elles pas néces-saires à l'avocat, s'il aspire à se mêler d'une manière active à la politique de son pays. Dans une époque comme la nôtre où se produisent tant de systèmes de réforme, de quelle impor-tance n'est—il pas, que ceux qui sont appelés à les juger, puis-sent fonder leurs opinions sur une connaissance raisonnée de l'homme et de la société, et n'acceptent toute idée sociale qu'après l'avoir soumise à la critique d'une saine philoso-phie ? En nous rapprochant du but que nous nous sommes posé, le perfectionnement de l'esprit même de l'avocat, que n'a—t—il pas à gagner en rectitude et en profondeur dans le commerce de la philosophie, alors même qu'il ne ferait que la traverser sans lui dévouer entièrement sa pensée avec cette passion du vrai qui est le mobile de quelques ames privi-légiées.

Au foyer de ces hautes études, il alimentera la chaleur de son ame et l'enthousiasme, dont la pratique des affaires et des hommes étouffe parfois jusqu'à la moindre étincelle, et que ravive infailliblement la contemplation des idées. Il devra rechercher surtout les salutaires approches de la science, quand elle s'offre aux hommes sous la forme du beau, cette manifestation splendide sans laquelle la vérité même est in-complète. S'il veut se garantir de l'ironie et de la froideur, tristes fruits d'une expérience mal faite de la vie, il ne négli-gera pas de tremper son ame aux grandes sources de la poé-sie, il se ménagera dans le calme et le recueillement quelques tête-à-têtes intimes avec ces hommes sacrés qui firent par-ler à la sagesse la langue la plus digne d'elle. Dans ces

lectures graves et fécondes entre toutes, il trouvera i'ensei-
gnement le plus complet sur les choses de l'ame et de Dieu,
la véritable philosophie : car nul ne peut se dire philosophe,
s'il n'a passé par l'école des poètes. Outre la chaleur et l'in-
tensité de la vie morale, ces études lui donneront les qualités
littéraires dont ne peut se passer un homme appelé à être à
la fois orateur et écrivain. Il ne devra pas négliger non plus
ces auteurs, nombreux chez nous, qui furent remarquables
par le style, si non par l'inspiration et la pensée; avec leurs
livres où sont mis en œuvre tous les trésors de la langue, où
toutes les délicatesses sont adroitement ménagées, il développera le goût qui doit rectifier sa manière d'écrire, et le pré-
munir contre les influences que j'ai signalées.

Tous ces soins qu'il prendra pour maintenir son ame grande
et complète pour diriger les instincts supérieurs de son esprit,
concourront aussi à développer en lui l'homme spécial, et s'ac-
cordent de tout point avec les principaux devoirs de l'avocat.

Le premier de ces devoirs est de ne donner appui qu'à
des causes justes, d'agir enfin comme un magistrat, décidant
par avance entre les parties, et non pas comme l'organe
aveugle de toutes les passions et de tous les intérêts. Ces exigences rigoureuses de la probité ne sont pas les seules que
devra suivre dans le choix des procès l'avocat qui veut per-
fectionner son intelligence et maintenir l'harmonie entre
toutes ses facultés. Il ne se chargera point d'un trop grand
nombre de causes, même des plus légitimes; il réservera une
part de son temps et de ses forces pour les études théoriques
et la méditation. Je sais quelles difficultés graves s'opposent
souvent à cette sobriété de travail dans une profession qui
ne conduisit jamais à la richesse; mais il faut savoir le dire,
MM., non, le noble état d'avocat n'est point un métier
lucratif ; ce n'est pas la vocation de l'homme qui poursuit la
fortune. Que ceux-là donc que leur position ne rend pas in-

dépendants des premiers besoins de la vie, ou que leur caractère rend avides des jouissances du luxe, que ceux-là ne recherchent point l'honorable titre d'avocat. Le commerce, l'industrie offrent leur carrière immense à toutes les nécessités, à toutes les ambitions. Entre les plaisirs de l'esprit et ceux de la richesse, entre une vie d'étude, modeste, retirée, et laborieuse, et l'âpre recherche du gain, ou l'agitation splendide de l'opulence, il faut savoir choisir. Nul ne peut servir à la fois Dieu et l'argent, c'est-à-dire nul ne peut élever son ame, faire de sa vie ce qu'elle doit être, une recherche assidue de la perfection, s'il tient son esprit toujours tendu vers les plaisirs ou vers le lucre. En abordant sa profession, l'avocat doit donc apprendre à restreindre ses désirs. S'il veut lutter par le faste et les jouissances matérielles, avec les hommes dont les travaux ingrats pour l'esprit ne valent que par l'acquisition de la richesse, il perdra à le tenter en vain tout ce qui le rend supérieur à eux, le désintéressement et l'élévation de l'intelligence. Il doit se contenter d'une existence modeste et se distinguer par la noble simplicité de ses habitudes ; investi de fonctions analogues à celles du magistrat, qu'il ait toujours devant les yeux l'antique magistrature et l'antique barreau français, où toutes les vertus qui naissent de la simplicité et de la sévérité des mœurs se perpétuaient comme une noblesse héréditaire. Que le sanctuaire de la famille soit le centre et la source de tous ses plaisirs; son cœur y conservera tous les nobles instincts ; libre des frivoles exigences du monde, il verra se multiplier les heures qu'il pourra donner à la culture de son esprit, sans sacrifier aucun des soins de son état. Ainsi, dans l'accomplissement de ses devoirs, dans la dignité parfaite de sa vie, il trouvera tous les éléments des plus saines habitudes intellectuelles, et il sera ce qu'il doit être dans la société, éminent au milieu de tous par les lumières et par la vertu.

www.ingramcontent.com/pod-product-compliance
Ingram Content Group UK Ltd.
Pitfield, Milton Keynes, MK11 3LW, UK
UKHW021715090726
13657UKWH00005B/2269